Straßburg
lieben lernen

*Der perfekte Reiseführer für einen unvergessli-
chen Aufenthalt in Straßburg inkl. Insider-Tipps
und Packliste*

Frauke Weber

✈ INHALT

Das erwartet Sie in diesem Buch

Bei meinem ersten Besuch in Straßburg stand ich, wie viele Touristen bereits vor mir, planlos der Fülle an Informationen gegenüber und war schier überwältigt und ebenso überfordert mit all den Möglichkeiten, die mir Straßburg bot. Also rannte ich einfach drauf los, den Massen hinterher, und versuchte, so viele Eindrücke wie möglich in mich aufzusaugen. Ähnlich erging es mir bei der Wahl eines Lokals, von welchem ich letztendlich enttäuscht wurde. Echtes französisches Gebäck habe ich nicht getestet und auch an Touren habe ich aus Mangel an Informationen oder aufgrund zeitlichen Drucks nicht teilgenommen. Stattdessen bin ich vermutlich in jede erdenkliche Touristenfalle getappt, die es zum damaligen Zeitpunkt gab. Obwohl dieser Besuch aus heutiger Sicht für mich ernüchternd wirkt, hat mich die Stadt dennoch in ihren Bann gezogen. Ich erkundigte mich fortan und plante meine darauffolgenden Reisen und Aktivitäten im Voraus. Heute: Fünfzehn Jahre und zahlreiche Reisen später befinde ich mich an einem Punkt, an dem ich mein Wissen mit Ihnen teilen möchte.

Doch was erwartet Sie denn nun in diesem Buch?

Wichtige Adressen, wirklich lohnende Sehenswürdigkeiten und ausgefallene Aktivitäten abseits der üblichen Touristenpfade, wertvolle Tipps und Tricks rund um die Anfahrt und Unterkunft, Knigge-Regeln und natürlich eine Liste an Cafés und Restaurants, für die sich schon alleine die Reise nach Straßburg lohnt. Einmalige Events, Locations zum Feiern und zusätzliche Tipps für eine Reise mit Hund. Auf detaillierte Informationen zu den einzelnen

Sehenswürdigkeiten verzichte ich bewusst, davon erhalten Sie vor Ort mehr als genug. Stattdessen können Sie sich auf einen Reiseführer freuen, der Ihnen die Stadt zeigt, wie sie sonst nur Einheimischen vorbehalten ist.

FRAUKE WEBER

Straßburger Facts auf einen Blick

Größte Stadt des Elsass mit rund 272.000 Einwohnern.

Straßburgs Kultur sowie seine Architektur weisen gleichermaßen **deutsche** und **französische Einflüsse** auf.

Der **Fluss Ill** umarmt den Stadtkern, mit vielen großen und kleinen Sehenswürdigkeiten.

Sicherlich eine der **schönsten Städte Europas**!

Im Rohan-Palast finden Sie das „**Musée des Beaux-Arts**", in welchem unter anderem Werke von Peter Paul Rubens anzutreffen sind.

Die Gebäude der Innenstadt und das Stadtbild der Altstadt (das „Grande Ile") mit seinen engen Gassen und dem Kopfsteinpflaster sind **vom Mittelalter geprägt** und weisen eine **herausragende historische Architektur** auf.

Besonders im malerischen Viertel „Petite France" begegnen Sie Brücken und Kanälen der alten Zeit, an welchen sich Fachwerkhäuser aus dem 16. Jahrhundert nur so tummeln.

In den Wintermonaten verzaubert die Stadt seine Besucher mit prachtvollen Dekorationen an beinahe allen Fassaden und einem **traumhaften Weihnachtsmarkt,** dessen Buden quer durch den Stadtkern führen.

Einheimische Spezialitäten werden klassischerweise in einer traditionellen **„Winstub"** serviert, aber auch zahlreiche andere Lokalitäten haben einheimische Leckereien zu bieten, wie z. B. die berühmten **Elsässer Flammkuchen.**

In Straßburg befinden sich über **800 denkmalgeschützte, historische Bauten**, die von der Stadtverwaltung geschützt werden, um sie der Nachwelt zu erhalten.

Von der UNESCO wurde das ganze Zentrum wegen der wundervollen Architektur zum **Weltkulturerbe** erklärt.

Alle **Sehenswürdigkeiten** sind problemlos **zu Fuß erreichbar** und dennoch stehen Ihnen Alternativen zur Verfügung. Im Kapitel „Fortbewegung in Straßburg" erfahren Sie mehr darüber.

Zu den ältesten Plätzen zählt auch der „Place Gutenberg", an welchem Sie das ehemalige Rathaus bewundern können. Es wurde 1585 im Renaissance-Stiel fertiggestellt worden.

In Straßburg finden Sie zahlreiche Europäische Institutionen wie den offiziellen Sitz des **Europäischen Parlaments**, den **Europarat** und den **europäischen Gerichtshof für Menschenrechte.**

Das führt dazu, dass Straßburg als „europäische Hauptstadt" betitelt wird.

Die Straßen der Altstadt, das Münster und die Gassen um die „Ponts Couverts", die um das Viertel Petite France führen, erweisen sich häufig als besonders überlaufen. Die **Seitenarme und kleinen Gassen**, die von den hauptsächlichen Touristen-Pfaden wegführen, können sich daher besonders lohnen.

Sie können kein Französisch?

Keine Panik! Franzosen liegt zwar viel an ihrer Sprache, notfalls kommen Sie in der Grenzregion aber auch mit **Englisch** oder sogar mit der **deutschen** Sprache ans Ziel. Beachten Sie jedoch, dass der Elsässer Dialekt nicht für jeden sofort verständlich ist. Ein Blick in das Kapitel „Kurze Urlaubs-Knigge" kann sich ebenfalls als lohnend erweisen.

FRAUKE WEBER

Fremdenverkehrsamt und Rabatte

Fremdenverkehrsamt

17 Place de la Cathédrale,

67082 Straßburg Codex

Mo – So 9.00 – 19.00

+33-388-5228-28

E-Mail: info@ostrasbourg.fr

Im Fremdenverkehrsamt können Sie für kleines Geld eine Stadtkarte in verschiedenen Sprachen erhalten. Auf ihr wird ein Rundgang vorgeschlagen, der die wichtigsten Sehenswürdigkeiten abdeckt. Zudem beinhaltet er Hintergrundinformationen und zeigt, welche Orte besonders hundefreundlich sind.

STRAßBURGER PASS

Möchten Sie besonders viele Aktivitäten in Straßburg wahrnehmen? Oder gehören für Sie Museumsbesuche und typische Touristen-Attraktionen zu einem Städtetrip absolut dazu? Dann ist der „Straßburger Pass" vielleicht etwas für Sie. Er muss im Vorfeld gebucht werden und ist ab 22 € für Erwachsene, ab 10 € für Kinder (im Alter von 4-12 Jahren) und ab 15 € für Jugendliche (im Alter von 13-17 Jahren) erhältlich.

Bei Anreise holen Sie den Pass einfach im Fremdenverkehrsamt ab und können fortan für eine Reisedauer von drei Tagen satte Rabatte nutzen.

Bedenken Sie aber, dass der Eintritt aller Museen am ersten Sonntag eines Monats für alle Bürger ohnehin kostenlos ist. Sollten Sie Ihre Reise in diesen Zeitraum legen, kann es passieren, dass sich der Straßburger Pass für Sie nicht mehr lohnt.

> Am ersten Sonntag im Monat stehen die Türen von allen Museen in Straßburg sowie die des Münsters offen. An diesem Tag dürfen Sie das kulturelle Angebot kostenfrei in Anspruch nehmen.

Im Folgenden sehen Sie eine Übersicht aller Vergünstigungen, die Ihnen der Pass bietet, sowie eine zusätzliche Auflistung der tatsächlichen Ersparnisse. Dadurch können Sie individuell entscheiden, ob sich der Pass für Sie lohnt. Wenn Sie an sämtlichen Aktivitäten teilnehmen möchten, kann sich Ihre Ersparnis auf 30 € belaufen.

Meiden Sie hingegen in der Regel typische Touristenattraktionen, wird sich eine derartige Ausgabe im Vorfeld nicht lohnen.

	Reguläre Kosten	Ersparnis durch den Pass
Besuch eines Museums Ihrer Wahl	12 €	12 €
Kathedralen-Plattform	5 €	5 €
Straßburg Bootstour	10,30 €	10,30 €
Entdecken Sie die astronomische Uhr der Kathedrale	2 €	2 €
Besuch eines zweiten Museums	12 €	6 €
Stadtrundfahrt mit dem „Mini-Zug" (April bis Oktober)	5,20 €	2,60 €
Straßburg Rundgang (April bis Dezember)	7 €	3,50 €
Besuch des „Vaisseau"	8 €	4 €
Audioguide	5,50 €	2,75 €
Das „Château Vodou" Museum	14 €	3 €
„Die Geheimnisse der Schokolade" Museum	9,50 €	0,95 €
	90,50 €	52,10 €

> Für Kunststudenten, Arbeitslose und Jugendliche unter 18 Jahren ist der Eintritt zu den Straßburger Museen immer kostenfrei.

MUSEUMSPASS

Falls Ihr Interesse vermehrt auf dem Besuch von Museen liegt, lohnt sich der Straßburger Pass wohl nicht für Sie. An dieser Stelle kann ich Ihnen den „Le Pass Musées" – den Museumspass – empfehlen. Sie haben die Wahl zwischen einer Gültigkeitsdauer von einem Tag (für 12 €) oder einem Ticket für drei Tage (für 18 €). In beiden Fällen erhalten Sie für Ihre gewählte Reisedauer kostenlosen Einlass in alle Straßburger Museen.

Über den Museumspass können Sie sich im Fremdenverkehrsamt informieren und ihn zudem dort auch käuflich erwerben.

Sehenswürdigkeiten

Straßburg hat mit seiner langlebigen Geschichte, mit seinem historischen Vermächtnis und den zahlreichen Sehenswürdigkeiten wirklich viel zu bieten. Beginnend beim Münster, welches einem beim Anblick der pompösen und detailgetreuen Fassade die Sprache verschlägt, über das mittelalterliche Gerberviertel „Petite France", in welchem jedes noch so kleine Fachwerkhaus seine eigene Geschichte zu erzählen weiß, bis hin zum modernen Europaviertel, welches sich seit 1949 stetig vergrößert. Zahlreiche, hübsch angelegte Parks und schier unendlich viele Museen prägen die

Studenten-Stadt Straßburg. Im Folgenden werde ich kurz von den zentralen Sehenswürdigkeiten berichten und Ihnen einen Überblick verschaffen, was es in Straßburg alles zu sehen gibt.

MUSEEN

Am ersten Sonntag im Monat stehen die Türen von allen Museen in Straßburg sowie die des Münsters offen und dürfen kostenfrei besichtigt werden. Für Kunststudenten, Arbeitslose und Jugendliche unter 18 Jahren ist der Eintritt zu den Straßburger Museen immer kostenfrei

Kunst-Museen
Tomi-Ungerer-Museum/ Musée Tomi-Ungerer

(Villa Greiner, 2. Rue de la Marseillaise)

Zeichnungen und andere Werke des elsässischen Künstlers.

Mi - Mo 10:00 - 18:00

Di geschlossen

Museum für schöne Künste/ Musée des Beaux-arts

(Palais Rohan, 2 Place du Château)
250 Gemälde alter Meister wie Raphael, Canaletto oder Rubens.
Mi - Mo 10:00 - 18:00
Di geschlossen

Frauenhausmuseum/ Musée de l'Oeuvre Notre Dame Arts du Moyen Âge

(3 Place du Château)
Mittelalterliche Kunst aus dem rheinischen Raum.
Mo geschlossen
Di - So 10:00 - 18:00

Museum für Moderne und Zeitgenössische Kunst/ Musée d'Art Moderne et Contemporain

(1 Place Hans-Jean-Arp)
Werke von Rodin, Monet oder Kandinski, Gauguin, Rodin, Lüpertz oder Hans.
Mo geschlossen
Di - So 10:00 - 18:00

Kunstgewerbemuseum/ Musée des Arts décoratifs

(Palais Rohan, 2 Place du Château)

Schlafstätten der Fürstbischöfe im Palais Rohan, elsässisches Porzellan-, Silber- und Goldschmiedekunst.

Mo geschlossen

Di - Fr 10:00 - 18:00

Sa - So 11:00 - 18:00

Historische Museen
Elsässisches Museum/ Musée Alsacien

(23-25 quai Saint-Nicolas)

Museum über das Elsass.

Mi - Mo 10:00 - 18:00

Di geschlossen

Historisches Museum/ Musée Historique

(2 rue du Vieux, Marché aux Poissons)

Straßburger Geschichte vom Mittelalter bis in die Gegenwart. Audio-Guide verfügbar.

Mo geschlossen

Di - So 10:00 - 18:00

Archäologisches Museum/ Musée archéologique

(Palais Rohan, 2 Place du Château)

Im Elsass entdeckte, archäologische Funde.

Mi - Mo 10:00 - 18:00

Di geschlossen

Voodoo Museum/ Musée Vodou

(4 Rue de Koenigshoffen)

Mo - Di geschlossen

Mi - So 14:00 - 18:00

Die Aubette/ L'Aubette

(31 Place Kléber)

Historischer Vergnügungskomplexe aus dem Jahre 1928.

Mi - Sa 14:00 - 18:00

So - Di geschlossen

Wenn Sie viele Museen besuchen möchten, empfiehlt sich der Kauf eines **Museums-Passes**.

Im Fremdenverkehrsamt können Sie zwischen der Gültigkeitsdauer von einem Tag (12 €) und drei Tagen (18 €) wählen. Der Pass ermöglicht Ihnen den kostenlosen Zugang zu allen Straßburger Museen.

KIRCHEN, KLOSTER, MÜNSTER & CO.

Liebfrauenmünster/ La Cathédrale Notre-Dame

Münster

Place de la Cathédrale, 67000 Strasbourg

Kirche (Eintritt frei):

Mo – So: 9.30 - 11.15 & 14.00 - 17.45

Turmplattform (5 €)

Mo – So: 9.30 - 20.00

Vorführung der astronomischen Uhr (2 €)

Mo - So : 12:30

Das Kloster ist wohl die bekannteste Sehenswürdigkeit der Stadt, es ist ein Wahrzeichen Straßburgs und zählt mit seinen 144 Metern zu den bedeutendsten Kathedralen der europäischen Architekturgeschichte. Auf einer Turmplattform, die Sie über 332 Stufen erklimmen können, trennen Sie rund 66 Meter vom Boden. Um den Ausblick über das Elsass schweifen lassen zu können, ist es allerdings von Vorteil, wenn Sie schwindelfrei sind. Zusätzlich finden täglich (um 12:30 Uhr) Vorführungen der astronomischen Uhr statt.

> **Tipp**
>
> Am ersten Sonntag im Monat ist der Aufstieg kostenlos!

Weitere bedeutende Gotteshäuser

St. Thomaskirche
(11 Rue Martin Luther, 67000 Strasbourg)

Saint-Pierre-le-Vieux
(Place Saint-Pierre-le-Vieux, 67000 Strasbourg)

Saint-Pierre-le-Jeune
(Place Saint-Pierre-le-Jeune, 67000 Strasbourg)

Kirche Saint-Etienne
(2 Rue de la Pierre Large, 67084 Strasbourg)

St. Pauluskirche
(5 Rue du Parchemin, 67000 Strasbourg)

BELIEBTE PLÄTZE, PARKS & VIEL NATUR

Straßburg ist neben seiner historischen Stadt mit vielen Sehenswürdigkeiten nicht zuletzt auch eine grüne Stadt. Viele große und kleine Parks laden täglich zum Entspannen ein. Selbst im Zentrum können Sie immer wieder kleinen Grünflächen und Orten der Erholung begegnen.

Beliebte Plätze

Münsterplatz/ Place de la Cathédrale

Vor dem Münster finden Sie neben zahlreichen Restaurants und Cafés das Fremdenverkehrsamt. Zusätzlich finden Sie hier das schmuckvolle „Maison Kammerzell" und können sich an seiner wunderschönen Erscheinung ergötzen.

Gutenbergplatz/Place de Gutenberg

Der Platz ist nach dem Erfinder des Buchdrucks benannt, der in Straßburg lebte. Auf dem Platz finden Sie das bei Kindern äußerst beliebte Karussell, welches am Abend wunderschön beleuchtet ist.

Place du Château

Ebenfalls am Münster gelegen, finden Sie den Place du Château. Vor ihm ragt, abgesehen vom Münster, der „Palais Rohan" – aus der Epoche des Barocks – empor. Das Gebäude beherbergt verschiedene Museen der schönen Künste.

Place du Marché Gayot

Während der Platz im Winter zu schlafen scheint, finden Sie hier auf der Rückseite des Münsters während der Sommermonate Freiluftrestaurants und Bars für jeden Geschmack. Viele schicke Fachwerkhäuser lassen den Platz typisch elsässisch wirken und sorgen für eine stimmungsvolle Kulisse.

Kléberplatz/ Place Kléber

Einer der zentralen Plätze in Straßburg. Hier können Sie mit Termin das „Aubette" besichtigen.

Place de la République

Hier begegnet Ihnen der beeindruckende „Palais du Rhin" – der Rheinpalast. Er wurde im 19. Jahrhundert errichtet und ist wohl eines der auffälligsten Bauwerke der Stadt.

Terrasse Panoramique du Barrage Vauban

Einen unbezahlbaren Ausblick bietet die Terrasse Panoramique auf der einstigen Befestigungsanlage „Barrage Vauban". Der Zugang ist kostenlos und Sie haben einen umwerfenden Blick auf die Altstadt und das Münster.

Beliebte Parks und Gärten

Orangerie

Die Orangerie ist der größte und älteste Park der Stadt und ein romantisches Fleckchen Erde. Hier haben Sie die freie Wahl zwischen einem entspannten Nachmittag auf einer Parkbank, auf einer Decke inmitten der zahlreichen Grünflächen oder Sie nutzen den Park für sportliche Aktivitäten. Ein Bootsverleih stellt Besuchern Ruderboote zur Verfügung. Auf Spielplätzen und in einem kleinen Zoo kommen kleine Gäste auf ihre Kosten. Zusätzlich sorgen verschiedene Restaurants für Ihr leibliches Wohl.

Sollten Sie den ganzen Weg zum Park nicht gehen wollen oder können, dann ist eine Anreise mit der „Tram E" bis zur Haltestelle „Droits de l'Homme" möglich.

Botanischer Garten

Mit 6.000 Pflanzenarten zählt der botanische Garten in Straßburg zu einem der wichtigsten in ganz Frankreich. Nicht ausschließlich einheimische Pflanzenarten können Sie dort bewundern, auch ein Tropenhaus mit asiatischen Arten gehört zur Uni von Straßburg. Die Haltestelle „Université" erreichen Sie bequem mit den Tram-Linien „C", „E" und „F". Von dort ist es bis zum botanischen Garten nicht mehr weit.

> **Führungen finden immer sonntags statt.**
>
> Öffnungszeiten
>
> Jan - Feb geschlossen
>
> März – April: 14:00 - 18:00
>
> Mai – Aug: 14:00 - 19:00
>
> Sep – Okt: 14:00 - 18:00
>
> Nov – Dez: 14:00 - 16:00

Besondere Stadtviertel

La Petite France

Das in der Vergangenheit verrufene Gerberviertel erfreut sich heute unsagbarer Beliebtheit. Die kunstvoll verzierten Fachwerkhäuser aus mittelalterlicher Zeit ziehen heute Tausende von Touristen an und sorgen für eine romantische Atmosphäre. In den schmalen Gassen finden Sie süße Cafés und kleine Läden, die zum Schlendern einladen. Zusätzlich befinden sich die „Ponts Couverts" in diesem Viertel – die drei Brücken und vier Türme der einstigen Befestigungsanlage, die die vier Flusskanäle der Ill überqueren.

Europaviertel

Mit seinen Glas- und Stahlbauten bildet das Europaviertel einen architektonischen Kontrast zum sonst urigen Stadtkern. In diesen futuristischen Gebäuden sind das Europaparlament und der europäische Gerichtshof für Menschenrechte ansässig.

Sofern das Parlament nicht tagt, sind wochentags Besuche in Gruppen möglich. Die Anmeldung muss im Vorfeld erfolgen.

UNTYPISCHE SEHENSWÜRDIGKEITEN

Die Gruft der Zukunft

(Place du Château)

Ein 1995 ausgehobener Betonbunker wurde mit Exponaten unserer Zeit bestückt und mit einer Bronzeplatte verschlossen. Die 14 verborgenen Fässer sollen erst am 23. September 3790 wieder geöffnet werden.

Le Shadok

(25 presqu'ile André Malraux, 67100 Strasbourg)

Digitalfabrik mit Räumen für Kultur- und Kreativprojekte mit 3D-Druckern. Das Le Shadok lädt oft bei freiem Eintritt zu Veranstaltungsprogrammen sowie zu Ausstellungen und Konzerten ein.

Der Strand/ La Plage

So nennen die Straßburger die drei am Quai des Pecheurs gelegenen Boote.

Der Weinkeller / Cave Historique des Hospices de Strasbourg

Neben geschichtlichen Besonderheiten lagert in diesen Gewölben der älteste Wein der Welt. Sie können den antiken Weinkeller eigenständig erkunden oder für 3 € per Audio-Guide. Der Eintritt ist kostenlos.

Auf der **Webseite des Weinkellers** können Sie vor Ihrer Reise in Erfahrung bringen, ob Führungen oder Weinverkostungen in der Zeit Ihres Aufenthaltes geplant sind.

Öffnungszeiten

Mo - Fr   8:30 - 12:00 & 13:30 - 17:30

Sa   9:00 - 12:30

Sonntags und an Feiertagen geschlossen.

Anreise

MIT DEM AUTO

Die günstige Grenzlage macht Straßburg zu einem beliebten Reiseziel, welches aus Deutschland, der Schweiz und Österreich komfortabel und relativ schnell und bequem mit dem Auto erreicht werden kann. Dennoch können sich einige Hindernisse bei der Anreise mit dem eigenen Fahrzeug ergeben. Im Folgenden erfahren Sie, worauf Sie achten sollten.

Wichtige Infos für die Anreise mit dem Auto

Seit dem 01.11.2017 gibt es in Frankreich eine gesonderte Umweltplakette, die mit der deutschen nichts zu tun hat. An Tagen mit hoher Luftverschmutzung ruft die Stadt Straßburg ein Fahrverbot für alle Fahrzeuge aus, die ohne Umweltplakette oder mit einer falschen Farbe unterwegs sind. Strafen, die das Nicht-Besitzen einer solchen Plakette zur Folge haben, hängen stark vom Fahrzeugtyp ab, welches gegen das Fahrverbot verstößt, und schwanken zwischen 45 € und 135 €.

Alle Informationen zur französischen Umweltplakette und das Bestellformular erhalten Sie auf der Internetseite www.certificat-air.gouv.fr/de/

Parken in Straßburg

Parkplätze sind schwierig zu finden und wenn, dann sind sie ziemlich teuer. Kostenlose Parkbuchten findet man beinahe nirgends und innerhalb von Parkhäusern zahlen Sie, mit Ausnahme vom Parkhaus am Place Gutenberg (46 €/ 24 Std.) und der „Opéra Broglie" (44 €/ 24 Std.), durchgehend 20 € am Tag. Auch auf der Straße belaufen sich die Kosten am Parkautomaten auf ähnliche Summen.

Innerhalb der Innenstadt finden sich insgesamt neun Parkhäuser. Ein verhältnismäßig günstiges befindet sich in Petite France, an der Rue de Molsheim (Parkhaus Historisches Zentrum). Hier kosten die ersten zwei Stunden unter 2,50 € und eine Tageskarte (24 Stunden) 12 €. Wenn Sie also ein Parkhaus suchen, welches zentral im Stadtkern von Straßburg liegt, kann ich Ihnen nur dieses empfehlen.

Lassen Sie Ihre Wertgegenstände nicht im Auto

Ausländische Fahrzeuge sind häufig das Ziel von Dieben, da im Kofferraum Gepäck und Wertgegenstände wie Kameras oder teure Navigationsgeräte vermutet werden.

Kommen Sie in einem Hotel unter, so empfiehlt es sich, an der Rezeption nach einem Parkticket zu fragen. Hotels können Ihnen häufig Parktickets für 8 € am Tag zur Verfügung stellen. Diese Tickets legen Sie einfach gut sichtbar in Ihre Windschutzscheibe.

Wenn es Ihnen nicht wichtig ist, dass Ihr Fahrzeug in unmittelbarer Nähe zu Ihnen abgestellt wird, dann bietet es sich an, Ihr Auto außerhalb der Stadt auf einem „Park & Ride" Parkplatz abzustellen und auf öffentliche Verkehrsmittel umzusteigen. Das Parkticket kostet im Schnitt 4,20 €, beinhaltet aber zusätzlich die Hin- und Rückfahrt für bis zu sieben Personen. So gelangen Sie bequem ins Zentrum. Fahrten innerhalb der Stadt sind mit 3 € für die Hin- und Rückfahrt ebenfalls mehr als erschwinglich. Geparkt werden kann täglich (außer sonntags) zwischen 7:00 und 20:00 Uhr, wobei das Verlassen des Parkplatzes auch zu späterer Stunde noch möglich ist.

Wo genau Sie in der Umgebung von Straßburg ein „Park & Ride" finden können, erfahren Sie **hier** (https://www.cts-strasbourg.eu/de/sich-bewegen/park-and-ride/).

Eine Übersicht über alle im Zentrum gelegenen

Parkhäuser sowie nahegelegene „Park & Ride"-Möglichkeiten sind mitunter auf dem Blog „**urbanmeanderer.de**" einsehbar.

> Auf der Internetseite **www.cts-strasbourg.eu** erfahren sie alles Wissenswerte über „Park & Ride"-Möglich-keiten, Fahrplanauskünfte und Tarife, Störungen sowie über Netzpläne der verschiedenen Trans und Busse.

MIT DEM FLUGZEUG

15 km entfernt finden Sie den Flughafen „Straßburg-Entzheim". Ein kostenpflichtiger Flughafen-Transfer zur Straßenbahnhaltestelle in Illkirch-Graffenstaden steht Ihnen jede halbe Stunde zur Verfügung. Von dort gelangen Sie in etwa 15 Minuten in die Stadtmitte von Straßburg. Jedoch gibt es aktuell (Januar 2020) von Deutschland aus keine Direktflüge nach Straßburg.

> Mit dem Flugzeug nach Straßburg zu rei-
> sen, macht im besten Fall nur dann Sinn,
> wenn Sie eine weite Anreise haben und
> beispiels-weise aus Norddeutschland
> kommen.

Eine Alternative stellt der Flughafen „EuroAirport Basel-Mühlhausen-Freiburg" dar, der von verschiedenen Fluggesellschaften im Direktflug angesteuert wird. Von dort gelangen Sie wahlweise mit einem Mietwagen nach Straßburg (etwa 1 ½ Stunden) oder Sie wählen die direkte Busverbindung zwischen dem Airport und der „Hauptstadt Europas". Mittels der Busverbindung erreichen Sie für 9-12 € Ihr Ziel (etwa 2 ½ Stunden). Der Transfer steht Ihnen täglich im Rhythmus von 2 Stunden zur Verfügung.

Eine weitere Möglichkeit besteht darin, den „Flughafen Stuttgart" anzusteuern, der ebenfalls als Direktflug angesteuert wird. In einem Mietwagen fahren Sie von Stuttgart etwa 1 Stunde und 40 Minuten, bis Sie den Stadtkern von Straßburg erreichen. Eine Zugverbindung besteht auch, die Kosten dafür schlagen allerdings im günstigsten Fall mit etwa 40

€ aufwärts zu Buche. Ihnen stehen täglich 22 Verbindungen zur Verfügung, wobei die Reisedauer 2 Stunden und 45 Minuten beträgt.

MIT FERNREISEBUSSEN

Mit Fernreisebussen – oder mit dem mittlerweile gut bekannten „Flixbus" – kommen Sie unter Umständen auch noch spontan nach Straßburg. Mittlerweile werden aus zahlreichen Städten Direktverbindungen angeboten und das nicht nur aus Deutschland. Diese Art der Anreise kann eine günstige Alternative zum Auto oder zum Zug sein und hat Letzterem auch zeitlich etwas voraus. Auf der Internetseite **www.busliniensuche.de** können Sie bequem eine günstige Fahrt von Zuhause aus planen und buchen.

MIT ÖFFENTLICHEN VERKEHRSMITTELN

> **TIPP**
>
> Steuern Sie nicht Straßburg direkt an. Es ist günstiger, den Nachbarort „Kehl" oder „Offenburg" zu wählen, von wo aus eine Weiterfahrt deutlich günstiger sein kann.

Bequem und empfehlenswert ist die Anreise per Bahn. Dabei ist zu beachten, dass eine Direktverbindung, selbst mit „Sparpreisen", deutlich teurer sein kann, als wenn Sie einen Alternativbahnhof ansteuern und von dort Ihre Reise fortsetzen.

Der deutsche Nachbarort „Kehl" liegt nur durch eine Brücke von Straßburg getrennt, auf der anderen Seite des Rheins. Von dort aus gelangen Sie entweder mit der „Tram D" für etwa 2 € innerhalb weniger Minuten nach Straßburg oder Sie machen einen gemütlichen Spaziergang, der etwa 60 Minuten in Anspruch nimmt. Dabei haben Sie die Möglichkeit, in verschiedenen Parks, wie dem „Parc de la Citadelle" oder dem „Jardin botanique de l'université de Strasbourg", zu pausieren. Zudem kann Ihr Weg Sie am „Place de la République Garden" oder durch das Studentenviertel „Krutenau" führen, wo es einen der besten Bäcker der Stadt gibt.

Des Weiteren besteht die Möglichkeit, Offenburg als Zielbahnhof zu wählen, da auch dieser Schritt Ihnen gutes Geld einsparen kann.

Fortbewegung in Straßburg

Straßburg ist keine Megametropole, weshalb alle zentralen Gebäude und Sehenswürdigkeiten zu Fuß erkundet werden können. Sollten Sie dennoch den Wunsch haben, eine andere Fortbewegungsart zu wählen, so stehen Ihnen verschiedene Möglichkeiten zur Verfügung.

ZU FUß

In Straßburg sind weitestgehend alle wichtigen Sehenswürdigkeiten schnell und bequem zu Fuß erreichbar. Geht man die vorgeschlagene Route,

> Sie können sich im Vorfeld eine Offlinekarten-App auf Ihr Smartphone herunterladen, um in Straßburg die Orientierung nicht zu verlieren. Suchen Sie dafür in Ihrem „Play Store" oder „App Store" einfach nach „offline Navigation"

welche in der Touristeninformation am „Place de la Cathédrale" für 2 € in verschiedenen Sprachen erworben werden kann, umrundet man das Zentrum mit allen wichtigen Sehenswürdigkeiten in etwa 2-3 Stunden. Allerdings kann es sich durchaus lohnen, innerhalb des Stadtkerns auch andere Wege einzuschlagen, denn in kleinen Seitenstraßen und fernab der Hauptroute findet man zahlreiche, wunderschöne Fachwerkhäuser und entzückende kleine Cafés sowie Restaurants.

MIT DEM RAD

Sollten Sie zu Fuß keine weiten Strecken laufen wollen oder können, besteht die Möglichkeit, sich ein Stadtfahrrad zu mieten. An den „Ponts Couverts" können Sie sich Räder mieten, die Ihnen sogar verbal Informationen zu den Sehenswürdigkeiten zur Verfügung stellen. Des Weiteren stehen Ihnen drei Orte zur Verfügung, an denen Sie Fahrräder leihen können: am „Parking Ste Aurélie, 1, bd. de Metz", auf dem Parkplatz „Place de l'Etoile" und auf dem Parkplatz am „Place de Château".

MIT DER RIKSCHA

Eine weitere Möglichkeit, sich die Stadt bequem anzusehen, ist eine Fahrt mit einer Fahrradrikscha. Die Veranstalter „Cyclorama" und „Velissimo" bieten verschiedene Touren an. Nähere Informationen erhalten Sie im Fremdenverkehrsamt am Münster.

MIT DEM BOOT

Da der zentrale Ortskern von Wasser umgeben ist, bietet sich eine Bootstour, die "Promenade sur l'Ill", besonders bei schönem Wetter an. Sie erhalten ein völlig anderes Bild von Straßburg und einen neuen Blickwinkel auf

Rundfahrten am Tag
("Promenade sur l'Ill") sind vor dem „Palais des Rohan" buchbar.

Nachtfahrten
(„flâneries nocturnes") können in 15, Rue de Nantes gebucht werden.

die zahlreichen Details der Stadt. Zusätzlich erfahren Sie viele interessante Hintergrundinformationen zu unterschiedlichen Begebenheiten und Gebäuden Straßburgs. Möchten Sie die Stadt tagsüber lieber zu Fuß erkunden, dann haben Sie auch die Möglichkeit, eine Bootsfahrt bei Nacht, die „flâneries nocturnes" zu buchen. Sowohl am Tag als auch in der Nacht dauern die Rundfahrten durchschnittlich 3 Stunden.

MIT DEM TAXI

Eine Taxifahrt kann eine gute Möglichkeit sein, um von einem Ort zum Nächsten zu gelangen, wenn Sie beispielsweise viel oder schweres Gepäck bei sich führen. Sie finden in ganz Straßburg

Fahrtkosten im Überblick

Tagestarif:
1,80 € (Grundpreis) + 0,75 € pro Kilometer

Nachttarif und sonntags:
1,80 € (Grundpreis) + 1,07 € pro Kilometer

verteilt immer wieder Taxistände. Die vier Größten befinden sich am Bahnhof, am „Place de l'Homme", am „Place de la République" und am Europarat.

MIT ÖFFENTLICHEN VERKEHRSMITTELN

Ticketpreise

Einzelticket: 1,80 € (Kauf im Bus 2 €)

24-Stunden-Ticket für eine Person: 4,60 €

24-Stunden-Ticket für 3 Personen: 6,90 €

Auf der Internetseite

www.cts-strasbourg.eu

finden Sie eine ausführlichere Übersicht aller Ticketarten und den dazugehörigen Preisen.

Straßburg ist eine gut vernetzte Metropole und bietet Einheimischen und Touristen gleichermaßen günstige Möglichkeiten, sich innerhalb der Stadt und über die Stadtmauern hinweg zu bewegen. Fahrkarten gibt es für Erwachsene bereits ab 1,80 €. Sie sollten jedoch nicht in Bussen gekauft werden, da sie dort teurer sind. Kaufen Sie Ihr Ticket lieber vorab an Fahrkartenautomaten, welche Sie an vielen Tramhaltestellen finden, oder buchen Sie das Ticket bequem über die offizielle **CTS-App** des regionalen Personennahverkehrs. Auf gedruckte Papiertickets wird bewusst verzichtet, stattdessen erhalten Sie ein elektronisches Ticket, welches wieder aufgeladen werden kann.

> Ein erworbenes Ticket berechtigt Sie fortan, für eine Einzelfahrt oder für 24 Stunden (je nach Art des Tickets), die regionalen Buslinien, Straßenbahnen sowie alle Regionalzüge zu nutzen und ermöglicht Ihnen obendrein den Transfer mit der „Tram D" nach Kehl.

Mit dem Bus durch Straßburg

Die „Linie 10" ermöglicht es Ihnen, das Zentrum Straßburgs bequem mit dem Bus zu erkunden. Sie umrundet das Zentrum sternförmig.

Mit der Straßenbahn durch Straßburg

Die Straßenbahn bietet Ihnen innerhalb von Straßburg einen schnellen Transfer durch die Stadt an, da die Fahrbahnen erst 1994 installiert wurden. Sie haben die Wahl zwischen insgesamt vier Linien (A-D), die Ihnen eine Fahrt quer durch die Stadt ermöglichen.

Übernachtung

Aparthotel Adagio Strasbourg Place Kléber

Ein schönes und zentral gelegenes Hotel mit vier Sternen ist das Aparthotel Adagio Strasbourg Place Kléber. Wie der Name vermuten lässt, befindet es sich in unmittelbarer Nähe zum „Place Kléber". Das Hotel überzeugt mit einem modernen Auftreten und mit für Straßburgs Innenstadt moderaten Preisen. Buchen können Sie über die Internetseite des **Hotels**.

Wenn sich die Unterkunft nicht unmittelbar im Zentrum befinden muss, macht es Sinn, über die Stadtgrenzen hinaus nach Herbergen Ausschau zu halten. Eine besonders schöne und zudem erschwingliche Behausung ist das „B&B Mungo and Hugo" im Nachbarort Kehl. Auch in diesem Fall haben Sie die Möglichkeit, Ihre Unterkunft auf der

Internetseite zu buchen.

Zusätzlich möchte ich Ihnen die Seite „**Airbnb**"
ans Herz legen. Hier haben Sie die Gelegenheit,
Übernachtungsmöglichkeiten von Privatpersonen
in Anspruch zu nehmen. Bei den Vermietern handelt es sich häufig um sehr freundliche und kommu-
nikative Zeitgenossen, mit denen man hervorra-
gend ins Gespräch kommen kann und die einem am
besten mit Insider-Tipps weiterhelfen können.

Sparen Sie Geld, indem Sie
im Hotel auf ein gebuchtes
Frühstück verzichten.
Französische Bäckereien
bieten eine Vielzahl köstli-
cher Backwaren für den
kleinen Geldbeutel.

Eine Sünde wert

Franzosen sind dafür bekannt, Feinschmecker zu sein, weshalb es nicht verwunderlich ist, dass sich auch in Straßburg ein Restaurant neben das andere reiht – von Bäckereien, süßen Cafés in toller Lage, Bars und Lounges ganz abgesehen. Hier treffen deutsche Einflüsse auf französische Tradition. Im Folgenden erfahren Sie, was typische Gerichte des Elsasses sind und welche, bei Insidern beliebten, kulinarischen Bereicherungen Sie bei Ihrem Besuch in Straßburg nicht auslassen sollten.

BÄCKEREIEN, CAFÉS & EIS

> Bestellen Sie in Frankreich beim Bäcker niemals „**Baiser**"! Sie könnten anmaßend klingen. Das Gebäck heißt „**Meringue**". Eine ausführliche Erklärung finden Sie im Kapitel „Kurze Urlaubs-Knigge"

Au Pain de mon Grand-Père

Au Pain de mon Grand-Père

58, Rue de la Krutenau

Di - Sa: 6:00 - 19:00
Sonntag: 6:00 - 14:00

+33 88 36 59 66

Wirklich schlechte Bäckereien sind in Frankreich ebenso wie in Straßburg bekanntlich eine Seltenheit. Nichtsdestotrotz möchte ich Ihnen eine Bäckerei ganz besonders ans Herz legen. Das „Au Pain de mon Grand-Père" befindet sich in Krutenau, dem lohnenswerten Studentenviertel.

> In Krutenau finden Sie zusätzlich diverse exotische Restaurants, die gutes Essen zu fairen Preisen anbieten.

Wie der Name vermuten lässt, findet man eine gemütliche, urige Backstube vor, in welcher noch nach Tradition des Großvaters gebacken wird. Den Bäckern kann man dabei sogar noch über die Schulter gucken, denn hier wird noch vor den Augen der Kunden gebacken. Das „**Au Pain de mon Grand-Père**" soll eine von Frankreichs schönsten Bäckereien sein und die Qualität der Produkte steht dem Optischen in nichts nach.

L'atelier 116

Etwas abseits des „Petite France" befindet sich an einem Eckhaus gelegen das gut besuchte „L'atelier 116". Diese kleine Bäckerei bietet zwar nur wenigen Besuchern einen Sitzplatz, aber dafür jedem eine üppige und umfangreiche Auslage

> **L'atelier 116**
>
> 116 Grand'Rue,
>
> 67000 Strasbourg
>
> Mo - Sa 7:00 - 19:00
> So 8:00 - 19:00
>
> +33 3 90 41 73 08

mit Leckereien „to go". Brot, Brötchen, Weckmänner, diverse Brezeln und andere Backwaren stehen Ihnen genauso zur Verfügung wie frische Salate und Süßes jeglicher Art. Hier wird einfach jeder fündig.

Oh my Goodness

„Ach du meine Güte", könnte man denken, wenn man sich beim Betreten des Cafés beinahe in eine andere Zeit zurückversetzt fühlt. Die zusammengewürfelten Stühle, diverse Retro-

Oh my Goodness

13 Rue de la 1ère Armée, 67000 Strasbourg

Mo 13:30 - 18:00
Di, Do, Fr 8:00 - 18:30
Mi, So geschlossen
Sa 9:00-18:30

+33 9 50 52 08 61

Sessel und ein senfgelbes Ledersofa, welche sich passend zu den nostalgisch angehauchten Wandverzierungen aneinanderreihen, lassen so manches Liebhaberherz höherschlagen. Moderne Elemente, zahlreiche große und kleine Pflanzen, bunte Wandfarben und kreative Deko-Elemente wie Tassen, die an einem Gitter von der Decke herunterbaumeln, vermitteln zusätzlich das Gefühl eines durchgestylten Cafés, ohne tatsächlich elitär zu wirken. Wie in einer typischen Studentenbude, dienen aufeinandergestapelte Holzkisten als Bücherregal und sorgen im Gesamten für ein heimeliges Gefühl. Ein Konzept mit Erfolgsgarantie, denn eben dieser „Studenten-Look" gepaart mit leckerem Kaffee zieht täglich zum Frühstück und Brunch zahlreiche Einheimische an und wird bislang noch von Touristenmassen verschont. Gerade einmal 8 Gehminuten trennen das romantische Viertel „Petite France" von dem hippen Café, das einen kurzen Spaziergang durchaus wert ist.

Salon de Thé Grand'Rue

Von außen eher unscheinbar, erweist sich das Café als ein Traum in Rot! Es fühlt sich an, als säße man in „Großtante Irmas" Wohnstube. Eine knallrote Decke, Wände, Stühle, Bänke und Sitzkissen umrahmen bunte Patchwork-Sessel, die vor hölzernen Tischen stehen. Blümchenteller und zahlreiche Bilder an den Wänden, Gartenzwerge, Engel, umfunktionierte Kannen, die als Lampe dienen, und jede Menge Klimbim, was von der Decke hängt, lassen das Café eigenartig gemütlich wirken. Passend dazu haben Sie hier neben zahlreichen selbstgemachten Kuchen und anderen liebevoll drapierten

Salon de Thé Grand'Rue

80 Grand'Rue,

67000 Strasbourg

Di - Sa   08:30 - 18:30

So - Mo geschlossen

+33 3 88 32 12 70

Leckereien auch die Möglichkeit, Frühstück oder Mittag zu essen.

L´Eden libre de Gluten (Glutenfrei und <u>teilweise</u> lactosefrei/ vegan)

Sind Sie ein Freund von süßen Naschwerken und müssen gleichzeitig auf Gluten verzichten, dann sind Sie im L'Eden genau richtig. Diese kleine Bäckerei

> **L´Eden libre de Gluten**
>
> 15 Place du Temple Neuf,
>
> 67000 Strasbourg
>
> Mo, Mi-Fr, So 10:00 - 18:00
> Di   10:00 - 13:00
> Sa   10:00 - 17:00
>
> +33 3 90 41 74 95

stellt französische Klassiker wie Eclairs, Törtchen sowie Teilchen oder verschiedene Keks-Varianten her und das, zur Freude vieler, glutenfrei. Teilweise finden sich auch lactosefreie und vegane Knabbereien in der Auslage. Vereinzelt sind auch herzhafte Gebäcke mit von der Partie, wie beispielsweise glutenfreie Quiches, Pizza oder belegte Sandwiches. Es liegt gerade einmal 4 Gehminuten vom Münster entfernt.

Fou d'café (<u>teilweise</u> glutenfrei und vegan)

Falls Sie zu den Menschen gehören, die auf Laktose oder Gluten achten müssen, können Sie in diesem etwas unscheinbaren Café ganz beruhigt essen oder ei-

> **Fou d'café**
>
> 17 Rue des Moulins, 67000 Strasbourg
>
> Mo geschlossen
> Di - Fr 7:30 - 17:30
> Sa - So 9:00 - 17:30
>
> +33 9 81 28 50 66

nen leckeren Kaffee mit Sojamilch schlürfen. Auf der Karte finden Sie die Inhaltsstoffe gut gekennzeichnet und das freundliche Personal hilft Ihnen bei Fragen gerne weiter. Das Ambiente ist eher schlicht, dafür haben Sie im hinteren Bereich des Cafés einen großartigen Blick aufs Wasser.

Amorino

Die langen Schlangen vor dem Eiscafé könnte man für einen Zufall halten, da man das Eiscafé direkt vor den Toren der Kathedrale findet. Doch statt einer Touristenfalle mit miesen Zutaten und überteuerten Preisen findet man das vermeintlich beste Eis der Stadt. Nicht nur geschmacklich, auch optisch überzeugt die kalte Verführung. Wie eine zarte, leicht geöffnete Rose geformt oder mit einem Macaron getoppt, wird aus einer einfachen Nachspeise ein kleines Highlight Ihrer Straßburg-Reise. Versprochen!

Amorino

11 Rue Mercière,
67000 Strasbourg

Mo - Do 11:00 - 22:00
Fr - So 10:00 - 22:30

+33 3 88 75 14 79

RESTAURANTS

Restaurants finden Sie in Straßburg wie Sand am Meer. Besonders in „Petite France" reihen sich zahlreiche, besonders hübsch anzusehende Stuben aneinander. Einige lohnende Restaurants mit klassischen Spezialitäten sowie etwas ausgefallenere Restaurants möchte ich Ihnen im Folgenden nahelegen.

Eine kleine Einführung über die häufigsten Verhaltensauffälligkeiten Deutscher und Erläuterungen, wie Sie sich als Tourist in einem französischen Restaurant geschickt benehmen, erfahren Sie im Kapitel „Kurze Urlaubs-Knigge"

Gurtlerhoft

Im beeindruckenden Gewölbekeller genießen Sie hier gut bürgerliche, deutsch-französische Küche zu moderaten Preisen. Das Restaurant befindet sich direkt am Fuße des beeindruckenden

Gurtlerhoft

13 Place de la Cathédrale, 67000 Strasbourg

Tägl. 11:30 - 14:00

& 18:30 - 22:00

+33 3 88 75 00 75

Münsters und dennoch werden Touristen hier nicht „abgezockt". Vorspeisen gibt es ab 6,90 €, Hauptgerichte ab 14,90 € und ein Dessert erhalten Sie ab 5 €. Neben „à la carte" haben Sie auch die Wahl zwischen verschiedenen 3-Gänge-Menüs, welche Sie bereits ab 28 € erhalten. Auch Kinder können beim Hauptgang zwischen Nuggets und Pommes oder Wurst mit Pommes wählen und zwei Kugeln Eis oder Karamell-Creme zum Nachtisch. Diese kleinen Menüs schlagen mit 9 € zu Buche. Dass Touristen erwünscht sind, sehen Sie sowohl am freundlichen Personal als auch an der Speisekarte, die Sie auf Anfrage in französischer, deutscher, italienischer oder englischer Sprache erhalten.

Chez Tante Liesel

Landhausstiel und Tiffany-Lampen – In dieser gut bürgerlichen Umgebung bekommen Sie alles, wovon Franzosen träumen. Klassische Zwiebelkuchen mit Zwiebeln und Speck oder Schnecken und alles von Ente

Chez Tante Liesel

4 Rue des Dentelles, 67000 Strasbourg

Tägl. 11:45 - 13:30 & 18:45 - 21:30

+33 3 88 23 02 16

bis Gans. Die Preise dieser landestypischen Speisen befinden sich wohlbemerkt im oberen Durchschnitt, dafür erhalten Sie aber echte Klassiker und saisonale Angebote, frisch zubereitet und von einem freundlichen Team serviert.

Au-Pont-Saint-Martin

Direkt an der schönen Ils gelegen, finden Sie das beeindruckende Fachwerkhaus und tolle Restaurant „Au Pont-Saint-Martin". Das im Sommer reich mit Blumen verzierte Gebäude

Au Pont Saint Martin

15 Rue des Moulins
67000 Strasbourg

Tägl. 12:00 - 22:30

+33 3 88 32 45 13

bietet Einheimischen und Touristen neben guter Küche einen wunderschönen Blick auf den Fluss. Kleine Flammkuchen gibt es in verschiedenen Ausführungen bereits für 8,10 €. Ein 3-Gänge-Menü erhalten Sie für 22,90 €. Die übrigen, typisch französischen Gerichte befinden sich im gehobeneren, aber durchschnittlichen Preissegment und bewegen sich zwischen 9,50 € (Straßburger Würste mit Pommes Frites) und 28,60 € (Rindsfilet mit Entenleber), was für ein Restaurant in dieser Lage typisch ist.

Au Brasseur

Etwas abseits und den-
noch im Kern von
Straßburg finden Sie
das „Au Brasseur". Die-
ses nicht nur bei Stu-
denten beliebte Res-
taurant bietet Ihnen
landestypische Lecke-

> **Au Brasseur**
>
> 22 Rue des Veaux,
> 67000 Strasbourg
>
> Mo - Sa 11:00 - 01:00
> So 11:00 - 00:00
>
> +33 3 88 36 12 13

reien zu wirklich fairen Preisen. Den klassischen
Flammkuchen mit Zwiebeln und Speck bekommen
Sie hier bereits für 5,50 €. Das teuerste Gericht auf
der Karte ist das „Entrecôte XL & frites", welches Sie
für 19,90 € genießen dürfen. In den Mauern des alten Fabrikgebäudes wurde zwischen 1746 und 1863
bereits Bier gebraut. Nach langer Zeit wurde 1991
diese Tradition wieder aufgenommen. Heute ver-
sorgt die hauseigene Brauerei das Restaurant gänzlich mit eigens im Elsass produzierten Bieren. Probieren lohnt sich!

Mama Bubbele

Ausgehend vom Place de la Cathédrale trennen Sie gerade einmal 3 Gehminuten von dem modernen Restaurant in schöner Lage. Bei Mama Bubbele können Sie ab 9,50 € traditionelle Flammkuchen kosten, aber besonders wird das Restaurant durch ausgefallene und kreative Kreationen des Klassikers.

Mama Bubbele

2, Quai des Bateliers

67000 Strasbourg

Mo	geschlossen
Di - Sa	12:00 - 14.30
Di - So	19.00 - 00.00

+33 3 90 23 83 30

Stück Burger

Die Speisekarte ist kurz und knackig. Hier erhalten Sie für kleines Geld einen richtigen „Klopper". Ab 6,90 € können Sie zwischen sechs reichhaltigen Burgern wählen, deren Duft einem bereits von weitem das Wasser im Mund zusammenlaufen

Stück Burger

53 Rue du Fossé des Tanneurs
67000 Strasbourg

Mo - Do	11:30 - 15:00
& 18:30 - 21:30	
Fr - Sa	11:30 - 15:00
& 18:30 - 22:00	

+33 981781625

lässt.

Vélicious

Als Veganer muss man auf nichts verzichten, auch nicht auf Süßes. Das beweisen die beiden Visionäre, Elena und Cédric, in ihrem einzigartigen Restaurant „Vélicious", welches zu 100 % ve-

> **Vélicious**
>
> 43 Rue Geiler
> Strasbourg, 67000
>
> Mo - Sa:
>
> Restaurant: 12:00 - 14.30 & 19:00 - 22:00
> Konditorei 14:30 - 19:00
>
> +33 9 72 53 07 35

gane Speisen anbietet. Es zählt zu den besten veganen Anlaufstellen in Straßburg und auch Nicht-Veganer finden sicherlich etwas nach ihrem Geschmack. Süße Törtchen und leckere Desserts bilden einen schmackhaften Abschluss nach einem vortrefflichen Burger oder anderen ausgewählten Speisen.

Das Restaurant mit Wohlfühl-Atmosphäre und lockerem sowie überaus freundlichem Personal erreichen Sie entweder zu Fuß auf dem Weg zwischen Stadtkern und Orangerie (etwa 20 Minuten Fußweg) oder alternativ mit öffentlichen Verkehrsmitteln:

- Straßenbahnhaltestelle der Sternwarte - Linie F, E und C
- Marne Bushaltestelle - Linie 15 und 2

Vélicious Burger

Soll es etwas schneller ge-hen, haben Sie die Mög-lichkeit, „Vélicious Bur-ger" in der Innenstadt zu testen. Es gehört ebenfalls zum Unternehmen „Véli-cious", jedoch haben sich

Vélicious Burger

20 Grand Rue
67000 Straßburg

Mo - So 11:45 - 22:00

+33 9 72 62 60 76

die beiden Gründer in diesem Fall an eine Fast-Food-Variante ihres Restaurants gewagt. Schnell, lecker, 100 % vegan und teilweise auch glutenfrei kommen diese Burger daher. Probieren lohnt sich!

Végéman

Street Food einmal anders und dennoch irgendwie vertraut. Ein Döner der neuen Generation, nämlich 100 % vegan. Ende 2019 setzten Elena und Cédric

Végéman

18 Rue des Bateliers
67000 Strasbourg

Mo - So 11:45 - 22:00

+33 9 72 28 94 69

(von Vélicious) ihre neue Idee in die Tat um und be-glücken seither die Einheimischen sowie zahlreiche Touristen Straßburgs mit dem „grünen Drehspieß". Ganz nach seinem Vorbild wurde das Ambiente des Restaurants mit Grafitti und unverputzten Mauern dem Stil eines Berliner Street-Food-Ladens nach-empfunden. Ab 7,50 € können Sie die fleischlose Seitan-Variante testen. Des Weiteren steht auch Fin-gerfood wie Nuggets und Käsesticks auf der Speise-karte, natürlich alles vegan. Zusätzlich können auch hier Muffins und Kekse erworben werden. Wie in den beiden anderen Lokalen ist auch die Atmo-sphäre im Végéman entspannt und man merkt, dass das Team Spaß an seiner Arbeit hat.

Aktivitäten

Straßburg hat neben zahlreichen Sehenswürdigkeiten auch noch jede Menge Aktivitäten zu bieten. Neben Konzerten und Ausstellungen in diversen kleinen Cafés können Sie in der Stadt auch richtig aktiv werden.

Auf einzelne besonders lohnende Aktivitäten möchte ich nun näher eingehen.

SEGWAY TOUREN

Ein wenig Nervenkitzel und sicherlich nicht alltäglich erweist sich eine solche Tour durch Straßburg. Es dauert nicht lange, da

> Segway Touren **hier** (www.visit-strasbourg.fr/de) buchbar.

hat man sich an das anfänglich sonderbare Fahrgefühl gewöhnt und dann macht es richtig Spaß. Zu unterschiedlichen Tageszeiten können Touren unternommen werden. Ob bei Sonnenaufgang, am Tag oder bei Nacht, eine Segway Tour ist wirklich etwas Besonderes.

GEFÜHRTE BOOTSTOUR

Zur Auswahl stehen drei Touren, die Sie als Besucher auf eine Reise über die Ill mitnehmen.

- Strasbourg, 2000 Jahre Geschichte
- Strasbourg, grande ile
- Strasburg, die Hauptstadt Europas

Automaten, um Tickets zu kaufen, finden Sie bei den Anlegestellen.

PRIVATE BOOTSFAHRT

Sind Ihnen die üblichen Bootstouren auf der Ill zu langweilig? Dann hat „Kapitän Bretzel" vielleicht etwas für Sie. Innerhalb verschiedener Routen können Sie eigenmächtig Ihr Elektroboot navigieren. Nähere Informationen und eine Buchungsoption finden Sie auf der Internetseite von **Captain Bretzel**.

PER RUNDGANG DIE ELSÄSSISCHE KÜCHE KENNEN LERNEN

Sind Ihre Englischkenntnisse gut genug, bietet sich ein kulinarischer Rundgang durch Straßburg an. Ab 65 € führt Sie ein Guide durch die Stadt und zeigt Ihnen, was elsässische Gerichte sind. Tickets können Sie **hier** buchen.

STRAßBURGER MÄRKTE BESUCHEN

Straßburg hat viele verschiedene Märkte zu bieten und ermöglicht Ihnen dadurch, einen Einblick in die hiesige Kultur zu erhaschen. Hier nur einige Beispiele:

Markt auf dem Place Broglie (Mi + Fr; 7:00 - 18:00) Lebensmittel, Kleidung, Blumen.

Flohmarkt in der Altstadt (Mi + Sa; 7:00 - 16:00) Zwischen dem Place de l'Étal und dem Place de la Grande Boucherie.

Büchermarkt in der Altstadt (Di, Mi + Sa; 9:00 - 18:00) Auf dem Place Kléber.

Marché de l'Esplanade (Di + Sa; 7:00 - 13:00) Auf dem Boulevard de la Marne. Großer Markt für Lebensmittel, Klamotten und mehr.

Bauernmarkt „Marché des Producteurs" (Sa 07.00 - 13:00) Place de Vieux Maché des Poissons.

Markt der Bergbauern " (Sa 07.00 - 13:00) Place du Marché Neuf.

EINKAUFSMÖGLICHKEITEN ENTDECKEN

Etwa 20 Gehminuten vom Stadtkern entfernt finden Sie das Einkaufszentrum „Rivetoile". Es lockt mit bekannten Markenläden und kostenfreiem WLAN. In den warmen Monaten des Jahres finden Sie eine Beachbar mit aufgeschüttetem Sand und Liegestühlen, entlang des Hafenareals „Bassin d'Austerlitz". Das amerikanische Restaurant „Memphis" ist im Stil der 50er-Jahre eingerichtet und eine gute Wahl, falls Sie der Hunger packt.

> Das Käseparadies
>
> **„La Cloche à Fromage"**, hat etwa 200 Käsesorten im Angebot.

Sollten Sie hingegen Ihren Shopping-Gelüsten lieber im Stadtkern nachgeben wollen, kann ich Ihnen die in der Altstadt gelegene „Rue des Orfèvres" empfehlen. Hier finden Sie zahlreiche Feinkostgeschäfte mit köstlichen französischen Spezialitäten.

Ebenfalls empfehlenswert ist die „Rue des Juifs". Auf der alten Händlerstraße finden Sie heute schöne Geschäfte, ebenso wie auf der „Rue du Vieux-

Marché-aux-Poissons". Sie haben die Wahl – von Secondhand-Mode bis Designermode ist alles dabei. Hier werden Sie bestimmt fündig.

> **Die besten Einkaufsstraßen:**
>
> - Rue des Orfèvres
>
> - Rue des Juifs
>
> - Rue du Vieux-Marché-aux-Poissons

SPIELERISCHE BESICHTIGUNGEN UND STADTRALLYES

Sind Sie unter Umständen mit einer kleineren oder größeren Gruppe in Straßburg unterwegs, besteht die Möglichkeit, spielerisch die Stadt zu erkunden. Drei Anbieter laden zu unterschiedlichen Aktionen wie Stadtrallyes, Escape Rooms oder wilde Verfolgungsjagden ein. Auch für Kinder wird Programm geboten und die Angebote stehen in verschiedenen Sprachen zur Verfügung. Auf Anfrage stehen die Aktionen zur Verfügung. Über die Seite des Fremdenverkehrsamts können Sie Kontakt zu den

Veranstaltern aufnehmen und Ihren Städtetrip durch Straßburg einmal ganz individuell erleben.

- **Insolit'Pro**
- **QVP**
- **Il ètait une fois la Ville**

Feste und Veranstaltungen

STRAßBOURG MON AMOUR (7. - 16. FEBRUAR)

Das Fest für Verliebte dauert in Straßburg nicht nur einen, sondern gleich zehn Tage. Vom 7. - 16. Februar erstreckt sich 2020 das Fest, bei dem nicht nur Verliebte auf ihre Kosten kommen. Neben dem romantischen Ambiente, was den Straßburgern zugegebenermaßen dauerhaft zuteilwird, bietet die Stadt ihren Besuchern ein breites kulturelles Angebot. In der ganzen Stadt treffen Interessierte auf festliche Abendveranstaltungen, exklusive Konzerte, literarische Intermezzi, originelle

Ausstellungen, Führungen, gastronomische High-lights und andere Vergnügungen. Einen Namen hat sich das historische Zirkuszelt „Magic Mirror" ge-macht, indem es als „Café des Amour" fungiert und zum Wahrzeichen dieses Events wurde. Sie finden es auf dem „Place Kléber", wo ein breites Publikum bei Themenabenden Interessantes erwarten darf.

„Kapitän Bretzel" bietet Verliebten in dem Zeitraum die Möglichkeit einer roman-tischen Bootstour auf der Ill. Für 29 € dürfen zwei Perso-nen 30 Minuten eigenständig

> Kapitän Bretzel
>
> Quai du Bassin Dusuzeau,
>
> 67000 Straßburg

umherfahren. Das Angebot beinhaltet zudem neben wärmenden Decken auch 2 Gläser Sekt und 2 Bre-zeln. Buchen können Sie das Angebot auf der Inter-netseite von **Kapitän Bretzel**.

STRAßBURGER KARNEVAL (1. MÄRZ)

Mit Tradition hat der Karneval in der europäischen Hauptstadt nichts zu tun, er ist vielmehr entstanden. Es stellt eine Sammlung verschiedener Karnevals-Traditionen aus der ganzen Welt dar und wird seit 1995 von unseren französischen Nachbarn jedes Jahr ein wenig mehr ins Herz geschlossen. Am 1. Sonntag im März ist es 2020 dann auch wieder so weit, kleine und große Zuschauer können die rund 40 Gruppen und ihre Kostüme bestaunen, während diese durch die Straßen Straßburgs ziehen. Die Gruppen starten um Punkt 14:11 Uhr, wobei der Zug in der Regel durch die bekanntesten Orte der Stadt führt.

Zusätzlich finden in der Zeit um die Karnevalsparade herum zahlreiche weitere Aktivitäten, wie Karnevalsabende, Kostümbälle und Veranstaltungen speziell für Kinder statt.

FÊTE DE LA MUSIQUE À STRASBOURG (21. JUNI)

Das kultige Musikfestival findet in diesem Jahr zum 39. Mal in Straßburg statt.

Am Sonntag, den 21. Juni, treffen sich zahlreiche Musikgruppen und Künstler, geben Konzerte in Cafés und bringen auf verschiedenen Bühnen Stimmung in die Stadt. Zwischen 18:00 und 00:30 Uhr haben Sie dann die Möglichkeit, Hobbymusikern und Profis sämtlicher Musikrichtungen bei ihren Darbietungen beizuwohnen. Eine komplette Übersicht aller Bühnen und Künstler finden Sie auf der Internetseite **strasbourg.eu**, wo Sie sich ausgiebig informieren können. Des Weiteren trifft man an diesem Tag auch überall sonst in der Stadt auf freie Künstler, die unangemeldet und ohne nötige Genehmigung ihr Talent unter Beweis stellen. Denn es soll ein Tag der Künste sein, an dem sich jeder uneingeschränkt und frei entfalten kann.

WEIHNACHTSMARKT (27. NOVEMBER - 30. DEZEMBER)

Bereits seit 450 Jahren findet jährlich in und um Straßburgs Zentrum herum der berühmte Weihnachtsmarkt statt, wohl einer der schönsten Märkte in ganz Europa. Bereits in den Tagen

Öffnungszeiten der Buden	
Mo - Do:	11:00 - 20:00
Fr:	11:00 - 20:00
Sa:	11:00 - 22:00
24.11.	14:00 - 21:00
24.12.	11:00 - 18:00
25.12.	geschlossen

vor der Eröffnung können Sie sich von den üppig dekorierten Fassaden, den prachtvoll verkleideten Balkonen, den Lichtern und den beeindruckenden Details in ganz Straßburg verzaubern lassen. Vom 27. November an können auch in diesem Jahr Besucher aus aller Welt die zahlreichen festlich geschmückten Plätze mit ihren Buden und Weihnachtsbäumen, mit Glühwein und Elsässer Spezialitäten besuchen, die in ganz Straßburg verteilt sind. Bis zum 30. Dezember öffnen die Stände täglich ab 11 Uhr ihre Schänken. Im Fremdenverkehrsamt erhalten Sie bei

Bedarf zusätzliche Informationen über genaue Standorte.

Der Weihnachtsmarkt auf dem Place Gutenberg steht traditionell in jedem Jahr im Zeichen eines anderen Landes. Hier können Sie dann über die Wochen hinweg Leckereien aus dem aktuellen Land entdecken, was definitiv ein Besuch wert ist. Den traditionellsten und ältesten Markt finden Sie hingegen auf dem Place Broglie. Eine Art Feinschmeckermarkt finden Sie auf dem Fischmarkt und auf der Terrasse Rohan, wo Sie unter anderem Bäcker, Bauern und Brauereien antreffen. Hier können Sie sich nach Strich und Faden verwöhnen lassen.

So schön Straßburg zur Weihnachtszeit auch ist, auf ein paar Dinge sollten Sie sich gefasst machen.

> **Die Innenstadt ist während des Weihnachtsmarktes für Fahrzeuge gesperrt.**

Während der knapp 4 ½ Wochen, in denen der Weihnachtsmarkt besucht werden kann, zieht er fast 2 Millionen Besucher aus aller Welt an. Es wird also voll, dessen sollten Sie sich bewusst sein.

Aufgrund der Menschenmassen trifft die Stadt

Straßburg Vorsichtsmaßnahmen, denen Sie in der ganzen Stadt und beim Betreten des Zentrums zwangsläufig begegnen werden. Die Innenstadt ist für Fahrzeuge jeder Art komplett gesperrt. Zentrale Parkmöglichkeiten entfallen somit gänzlich. An den Brücken zum Ortskern patrouillieren bewaffnete Polizisten mit scharfen Geschützen und kontrollieren jede Tasche, die man mit in den Ortskern nehmen möchte.

Davon abgesehen bietet sich Ihnen ein wirklich unvergessliches Bild aus Lichtern und facettenreichen Dekorationen.

Abends & nachts

Abgesehen von den zahlreichen Touristen, die vorwiegend in den Sommermonaten die schöne Stadt in Beschlag nehmen, ist Straßburg eine Studentenstadt. Verschiedene Universitäten und Hochschulen stecken voller junger Leute, die die Nacht zum Tag machen und den zahlreichen Clubs und Bars bei Nacht Leben einhauchen. Das zumeist am Wochenende belebte Kneipenviertel finden Sie gleich hinter dem Münster am „Place du Marché".

Auf diesem belebten Platz finden Sie die Bar **„L'Abattoir"** (zu Deutsch: „der Schlachthof"), wo Sie es sich in rustikalem Ambiente und in bequemen Ledersesseln gemütlich machen können. Nach einem ausgiebigen Städtetrip lädt die Bar Sie ein, einen Cocktail zu schlürfen und Ihre Seele baumeln zu lassen.

> L'Abattoir
>
> 1 Quai Charles Altorffer
> Straßburg
>
> So - Do 11:00 - 01:30
> Fr - Sa: 11:00 - 03:30
>
> +33 3 88 32 28 12

Ihr Credo lautet „Bier, Bier und noch mehr Bier"? Dann wird Ihnen sicherlich die **„Académie de la Bière"** gefallen, die gleich dreimal in Straßburg zu finden ist. Die „Bier Akademie", wie es im Deutschen heißen würde, reiht sich scherzhaft ein in die Liste der Universitäten und Hochschulen der Stadt. Neben leckerem Essen haben Sie hier die Qual der Wahl zwischen rund 70 verschiedenen deutschen, belgischen und französischen Biersorten. Während der „Happy Hour", die jeden Tag stattfindet, kostet ein Bier 5 €. Die Akademien finden Sie an folgenden Adressen:

Académie de la Bière –

Petite France
<u>17, RUE ADOLPHE
SEYBOTH 67000
STRASBOURG</u>

Mo - So: 11:00 - 04:00
Happy Hour 7/7 16:00
- 19:00

Académie de la Bière –

Cathédrale
<u>29 RUE DES JUIFS
67000
STRASBOURG</u>

So - Mi: 11:00 - 01:30
Do - Sa: 11:00 - 04:00

Happy Hour 7/7 17:00 -
20:00

+33 3 88 35 18 25

Académie de la Bière –

Krutenau
<u>7 B RUE DE AB-
REUVOIR 67000
STRASBOURG</u>

So - Mi: 11:00 - 01:30
Do - Sa: 11:00 - 04:00
Happy Hour 7/7 17:00
- 21:00

+33 3 88 24 19 70

Quai des
Pêcheurs,

67000 Strasbourg

Eine weitere umwerfende Location, sowohl am Tag als auch bei Nacht, bietet das „La Plage". Strandatmosphäre mitten in der Stadt, die von der Altstadt aus schnell erreicht werden kann. Drei Boote wurden am Quai des Pecheurs in Bars und Cafés umgestaltet und sorgen für einen einmaligen Abend in Straßburg. Sie haben die Wahl zwischen einer chilligen Beach Lounge mit Liegestühlen, House Musik oder einer „Open Air Kneipe".

Der Blick von der Brücke, nördlich des Quai des Pêcheurs in Richtung der Paulskirche, ist einen Abstecher wert.

Mein persönliches Highlight und ein echter Geheimtipp bei Studenten ist die Bar „Le Barberousse". Tauchen Sie ein in die Welt der Piraterie und des Rums, inmitten einer stilechten und zeitlosen Kulisse. In diesem liebevoll eingerichteten Kuriositätenkabinett haben Sie auf einer Fläche von 150 m² die Wahl zwischen über 100 verschiedenen Rum-Sorten. Donnerstags lockt die Bar mit diversen Rabatten für

Studenten. Sollten Sie länger in der Stadt verweilen, fragen Sie an der Theke nach einem "Barbarossa"-Armband, um an bestimmten Abenden Rabatte und Geschenke zu erhalten.

Mutige können ebenfalls nach „The Captain's Tour" fragen. Die Bar veranstaltet zusätzlich regelmäßig Themenabende. In den öffentlichen Netzwerken können Sie sich aktuelle Informationen zu den anstehenden Events einholen.

Le Barberousse

6 rue du Faisan

67000 Strasbourg

Mo 21:00 - 2:00

Mi - Sa 21:00 - 4:00

+33 88 32 66 58

Kurze Urlaubs-Knigge

Eigentlich ist doch fast jeder der Meinung, man habe zumindest relativ gute Manieren. Dabei bemerkt man jedoch oft nicht, dass Menschen anderer Nationen das eigene Verhalten, von welchem man selbst dachte, es sei angemessen, als unangemessen einstufen. Doch keine Panik! Das bedeutet nicht, dass Ihre Eltern in Sachen Erziehung zu Laissez-Faire mit Ihnen umgegangen sind. Jede Nation – und sei sie nur wenige Kilometer von Ihrer Heimatgrenze gelegen – hat im Laufe der Zeit ganz eigene Maßstäbe gesetzt und entscheidet entgegen des deutschen Etikettes, was für sie als angemessenes Verhalten eingestuft wird. Da geschieht es recht schnell, dass man als Ausländer entlarvt wird, noch ehe man angestrengt versucht, in seinem längst in Vergessenheit geratenen Schul-Französisch zwei stille Wasser zu bestellen. Im Folgenden erläutere ich Ihnen einige Knigge-Kniffe der französischen Kultur, bei welchen die meisten Deutschen unbewusst und manchmal unangenehm auffallen.

ÜBERQUEREN SIE NIE UNAUFMERKSAM EINEN ZEBRASTREIFEN!

Das Sinnvollste sei vorweggesagt: Halten Sie sich beim Überqueren von Straßen an umstehende Passanten. In Frankreich mögen zwar ähnliche Verkehrsgesetze gelten wie in Deutschland, doch das bedeutet nicht, dass Autos an Zebrastreifen auch wirklich langsamer werden, geschweige denn anhalten. Handzeichen, welche den Autofahrern mitteilen, dass man über die Straße möchte, können helfen, jedoch ist die Wahl eines Einheimischen mit Sicherheit die klügste und letztlich sicherste Variante, eine Straße zu überqueren.

BLEIBEN SIE AN ROTEN AMPELN STEHEN

Als ordentlicher Bürger ist man in der Regel in Deutschland dazu erzogen worden, an einer roten Ampel stehen zu bleiben. Bei den Franzosen scheint diese Regel nicht so streng zu gelten. Man fühlt sich rasch in die Rolle eines Touristen versetzt, wenn man umringt von Menschen als Einziger an einer roten Fußgängerampel auch wirklich stehen bleibt. Verstehen Sie mich bitte nicht falsch, an dieser Stelle möchte ich Sie nicht auffordern, es den französischen Einheimischen gleich zu tun, im Gegenteil. Polizisten warten auf Reaktionen von Touristen wie diese und stehen längst bereit, ihnen ein Bußgeld zu entlocken. Daher rate ich Ihnen, bleiben Sie stark und vor allem, bleiben Sie stehen. Die 5 € Bußgeld lassen sich besser in einen Kaffee oder Flammkuchen investieren.

LASSEN SIE SICH IM RESTAURANT EINEN TISCH ZUWEISEN

Bei uns denken wir uns nichts dabei, wenn wir uns in einem leeren Restaurant an einen freien Tisch setzen. In Frankreich gilt das als sehr unhöflich. Bleiben Sie besser im Eingangsbereich stehen und warten Sie, bis Sie ein Kellner begrüßt und Ihnen daraufhin einen Tisch zuweist. Sie dürfen an dieser Stelle gerne fragen, ob ein bestimmter Tisch zur Verfügung steht, aber bitte diskutieren Sie nicht mit dem Kellner, wenn dieser Ihren Wunsch aus irgendwelchen Gründen verweigern muss.

VERSUCHEN SIE, SICH IN DER FRANZÖSISCHEN SPRACHE ZU VERSTÄNDIGEN

Franzosen lieben ihre Sprache und fassen es oft als beleidigend auf, wenn Touristen geradewegs davon ausgehen, dass sie auch einer weiteren Sprache mächtig sind. Oft erlebt man, dass Franzosen die Frage, ob sie „deutsch" oder „englisch" sprechen, mit „nein" beantworten, unabhängig davon, in welcher Sprache man fragt. Versucht man an dieser Stelle jedoch, dem Kellner etwas auf Französisch zu erklären, so spricht dieser plötzlich doch eine andere Sprache. Dahinter steckt keine falsch diagnostizierte Arroganz, sondern vielmehr ein gängiges Schamgefühl. Franzosen, vorweg ältere Generationen, können schlichtweg nicht gut Englisch, da sie es in der Schule nicht ausgiebig gelernt haben. Daher sprechen sie es auch nicht gerne. In Straßburg besteht allerdings häufig die Möglichkeit, auf deutschsprechende Franzosen zu treffen. Seien Sie freundlich und geben Sie Ihr Bestes, dann trauen sich die meisten Franzosen auch, eine andere Sprache zu sprechen.

SIEZEN SIE IHRE MITMENSCHEN

Anders als in manchen Gebieten Deutschlands üblich ist in Frankreich die gängige Anrede die „Sie-Form". Selbst junge Leute unter sich sind zunächst viel förmlicher als hierzulande, bevor sie zum „Du" übergehen. Wählen Sie daher zu Beginn immer erst die höfliche, distanzierte Variante der Anrede, alles andere wirkt unhöflich.

STILLES WASSER BEKOMMEN SIE IM RESTAURANT KOSTENLOS

Mit Ausnahme von kohlensäurehaltigem Wasser bestellt man in Frankreich keine Wasserflaschen. Stilles Wasser erhalten Sie meistens kostenlos, indem Sie „un verre d'eau" oder „une carafe d'eau" bestellen.

GEBEN SIE NICHT DAS „OKAY"-ZEICHEN!

In Deutschland ist die „Kreis-Geste", die mithilfe des Daumens und dem Zeigefinger geformt wird, eine gängige Art, jemandem zu zeigen, dass es einem besonders gut schmeckt. Einem Franzosen geben Sie mit dieser Geste jedoch zu verstehen, dass Sie ihn für eine „Null", also für wertlos halten.

ZAHLEN SIE IHRE RECHNUNG NICHT GETRENNT

In Frankreich ist es unüblich, sich vom Kellner die Rechnung separieren zu lassen. In der Regel übernimmt ein Gast die Rechnung vollständig und man teilt die Summe im Anschluss daran untereinander auf, unabhängig davon, wie viel jeder Einzelne konsumiert hat.

BESTELLEN SIE KEINE „BAISER"!

Das in Deutschland unter dem Namen „Baiser" bekannte Zuckergebäck trägt in Frankreich den Namen „Meringue". Bei „Baiser" handelt es sich zwar um ein französisches Wort, jedoch bedeutet dieses so viel wie „küssen". Umgangssprachlich wird es auch dafür verwendet, einer Person auf eine sehr niveaulose Art zu sagen, man möchte mit ihr „Liebe machen". Achten Sie deshalb darauf, in einer Bäckerei die richtige Bezeichnung zu verwenden.

BESUCHEN SIE NICHT AUF EIGENE FAUST RANDGEBIETE

In Frankreich werden die häufig von Hochhaussiedlungen dominierten Gebiete um Großstädte herum als „Banlieues" bezeichnet. Diese meist in der Mitte des 19. Jahrhunderts entstandenen Gebäude mögen auf Sie vielleicht interessant wirken, jedoch begegnet man in den Randgebieten oft einer deutlich erhöhten Kriminalität. Sollten Sie dennoch den Wunsch hegen, die Randgebiete von Straßburg erkunden zu wollen, schließen Sie sich besser einer geführten Tour im Bus an. Bitte nicht eigenmächtig losziehen!

Mit dem Vierbeiner in Straßburg

Hundebesitzer sind sich fast immer einig, wenn es um Urlaub geht: „Der beste Freund auf vier Pfoten gehört mit zu der Partie". Doch wie ist das mit einem Besuch in Straßburg?

Ein Besuch Straßburgs sollte gut überlegt sein und im Vorfeld gut geplant werden. Öffentliche Gebäude wie das Fremdenverkehrsamt, Museen und andere Sehenswürdigkeiten dürfen mit tierischem Begleiter nicht betreten werden. Eine Stadtrundfahrt am Tag oder ein Kinobesuch am Abend fällt ebenfalls leider aus und auch abendliche Besuche in Cafés und Clubs sind mit Hund an der Seite nicht umsetzbar.

IM VORFELD ZU KLÄREN

Wenn Ihnen der Eintritt in die Gebäude jedoch nicht wichtig ist, steht einem Besuch in Straßburg mit Hund grundsätzlich nichts im Weg. Dennoch sollten Sie sich im Vorfeld über die in ganz Frankreich geltenden „Bestimmungen zum Einführen von Hunden" erkundigen. Diese Bestimmungen beinhalten:

- eine genaue Identifizierung des Tieres durch Mikrochip oder Tätowierung
- eine gültige Impfung gegen Tollwut, wobei die Erstimpfung mindestens 21 Tage her sein muss
- es muss ein Europäischer Pass vorliegen, der von einem Tierarzt ausgefüllt wurde und sowohl die Identifizierung als auch die gültige Impfung bestätigt

Den genauen Wortlaut können Sie auf der Internetseite der französischen Botschaft in Berlin nachlesen, welche Sie unter folgendem Link erreichen: **Haustiere-Einreisebestimmungen** (https://de.ambafrance.org/Haustiere-Einreisebestimmungen).

Anders verhält es sich bei Kampfhunderassen. Hier sieht die französische Gesetzeslage etwas anders aus. Bitte erkundigen Sie sich frühzeitig, ob die Mitnahme Ihres Hundes an Bedingungen geknüpft oder gar verboten ist. Auch das können Sie auf der oben angegebenen Seite in Erfahrung bringen.

AKTIVITÄTEN MIT HUNDEN

Doch auch ohne öffentliche Gebäude betreten zu dürfen, hat die Stadt einiges zu bieten. Ohnehin lässt sich Straßburg zu Fuß am besten erkunden.

So schön die architektonische Landschaft des Straßburger Zentrums erstrahlt, so fügen sich auch die makellos sauberen Straßen nahtlos in dieses hinreißende Bild mit ein. Die liebevoll geschnürten Geschenke unserer Fellnasen werden beinahe ausnahmslos ordnungsgemäß beseitigt. Auf den

Straßen trifft man so manche Hundebesitzer, mit denen man auch gut und gerne ins Gespräch kommen kann.

Die Sehenswürdigkeiten sind zwar von innen tabu, jedoch haben die Gebäude oft von außen nicht minder zu bieten. So kann man sich während eines Rundgangs an der Vielzahl verspielter Details wohl kaum an der Kathedrale sattsehen. Besonders schön: Bei genauerer Betrachtung finden sich an der Außenfassade viele verschiedene Hundefiguren. Da zahlreiche Cafés und Restaurants Sitzplätze im Freien anbieten, werden Sie dort auch mit Hund freundlich begrüßt. Zahlreiche Parks und kleine begrünte Flächen laden uns in und um den Stadtkern herum zum Verweilen und die Spürnasen zum Schnuppern ein. Für einen ausgedehnten Spaziergang an warmen Tagen ist wohl der Park „L'Orangerie" eine lohnende Anlaufstelle. In diesem können sich unsere Vierbeiner eine begehrte Abkühlung verschaffen.

HOTELS

Zudem gibt es zahlreiche Hotels, die ebenfalls eine Übernachtung mit dem geliebten Freund gestatten.

Besonders günstig ist das saubere und moderne 3-Sterne Hotel „Nemea appart hotel Residence Elypseo", welches ordentliche Zimmer und kleine Appartements mit Küchenzeile ab 56 € zur Verfügung stellt.

> **Nemea appart hotel Residence Elypseo**
>
> 45A Av. du Rhin, 67100 Strasbourg
>
> +33 3 88 10 12 43

Ein Innenpool lädt zum Baden ein und ein hoteleigener Fitnessraum darf ebenfalls von den Hotelgästen genutzt werden. Es liegt etwa 1,5 km vom „Parc de la Citadelle" entfernt und Grünflächen sind schnell zu Fuß erreichbar. Eine Bahnstation ist direkt in der Nähe vorhanden und bietet zahlreiche Anbindungsmöglichkeiten, um beispielsweise zum Bahnhof oder in den Stadtkern zu gelangen.

Hotel de l'Europe Strasbourg by HappyCulture

38 Rue du Fossé-des-Tanneurs, 67000 Strasbourg

+33 3 88 32 17 88

Ist Ihnen das erste Hotel zu weit weg, so kann ich Ihnen zusätzlich das „Hotel de l'Europe Strasbourg by HappyCulture" als preiswerte Unterkunft empfehlen. Es handelt sich hierbei um ein 4-Sterne Hotel, welches im Herzen der Stadt liegt. Eine sehr gepflegte, moderne und stilsichere Adresse mit Pool und nahegelegener Verkehrsanbindung. Ins schöne Gerberviertel „La petite France" brauchen Sie gerade einmal 3 Minuten und die „Cathedral" erreichen Sie zu Fuß in durchschnittlich 8 Minuten.

Jetzt sind Sie dran!

So viel Spaß mir das Schreiben dieses Reiseführers auch gemacht hat, alles hat einmal ein Ende. Aber wie Roland Kaiser bereits treffend formulierte: „Ein Ende kann ein Anfang sein", und das haben Sie nun in der Hand. Ich hoffe, ich konnte Ihnen Lust auf diese vielschichtige Stadt machen mit ihren historischen Bauten und mit ihrem romantischen Erscheinungsbild sowie Ihre Neugier dem Unbekannten gegenüber wecken und Sie ganz heiß darauf machen, dieses facettenreiche Stückchen Erde zu erkunden. Ich freue mich, wenn dieses Buch einer der Gründe dafür ist, weshalb Sie einen wunderbaren Aufenthalt in Straßburg genießen können und wenn Ihnen meine Erfahrungen weiterhelfen. Ich wünsche Ihnen, dass auch Sie die Schönheit der Stadt in sich aufnehmen können und ähnliche Erfahrungen sammeln, wie sie mir zuteilwurden.

Sicherlich lässt sich über diese einmalige Stadt noch sehr viel mehr schreiben. Obwohl ich schon viel Zeit in Straßburg verbringen durfte, gibt es noch immer Neues zu erkunden, zumal sich die Stadt ständig wandelt, ohne sich ihrer Vergangenheit zu entledigen. Vielleicht treffen wir uns bald wieder, bei einer neuen Ausgabe des Reiseführers über Straßburg, bei Flammkuchen und Rotwein und mit noch mehr Insidertipps.

Ich wünsche Ihnen eine gute Reise!

Packliste

Geld & Finanzen

O (evtl.) Auslandswährung
O Bargeld
O Bauchtasche
O Brustbeutel
O Bauchtasche
O EC-Karte
O Kreditkarte
O Notfall-Telefonnummern der Banken
O Portmonee

Hygiene

O Haarbürste / Kamm
O Deo (klein)
O Shampoo
O Kulturtasche
O Sonnencreme
O Taschentücher

O Reise-Zahnbürste und Zahnpasta
O Verhütungsmittel

Kleidung

O Badeklamotten
O Gürtel
O Hosen kurz / lang
O Mütze / Cap / Hut
O Pullover
O Regenjacke
O Schlafanzug
O Socken
O Sonnenbrille
O Sportklamotten / Jogginghose
O T-Shirts
O Unterwäsche

Medikamente

O Blasenpflaster
O Anti-Durchfalltabletten
O Erste-Hilfe-Set

O Fiebertabletten
O Fiebertabletten
O Mückenschutz
O sonstige Medikamente
O Pflaster
O Kopfschmerztabletten

Unterlagen & Papiere

O ADAC Unterlagen
O Adresslisten für Postkarten
O Krankversicherungsnachweis
O Stadtplan
O Führerschein
O Unterlagen für die Unterkunft
O Wasserdichte Hülle für Reiseunterlagen
O Impfausweis
O Mietwagenunterlagen
O Personalausweis
O Reisepass
O Reisetagebuch
O evtl. Studentenausweis

O evtl. Visum
O Zug- / Bahn- / Flugticket

Taschen & Rucksäcke

O Koffer / Trolley / Reisetasche
O Regenhülle für Rucksack
O Rucksack

Schuhe

O Badeschlappen / Hausschuhe
O Schuhe und Wechselschuhe

Sonstiges

O Brille / Kontaktlinsen und Etui
O Buch zum Lesen
O Ohrenstöpsel und Schlafmaske
O Regenschirm
O Reisedecke
O Wasserflasche
O Wörterbuch

Elektronik

O Digitalkamera

O Handy

O Ladekabel

O Kopfhörer

O evtl. Steckdosenadapter

O Power-Bank

Herstellung und Verlag:

BoD – Books on Demand, Norderstedt

ISBN: 9783751902694

1. Auflage

Kontakt: Psiana eCom UG/ Berumer Str. 44/ 26844 Jemgum

Covergestaltung: Fenna Larsson

Coverfoto: depositphotos.com